AF314929

CATALOGUE

DES

OBJETS D'ART

ET DE

HAUTE CURIOSITÉ

DE LA RENAISSANCE

TABLEAUX, TAPISSERIES

COMPOSANT LA COLLECTION DE

M. ÉMILE GAVET

ET DONT LA VENTE AURA LIEU

GALERIE GEORGES PETIT

8, rue de Sèze, 8

Du Lundi 31 Mai au Mercredi 9 Juin 1897

A DEUX HEURES

<table>
<tr><td align="center">COMMISSAIRE-PRISEUR</td><td align="center">EXPERTS</td></tr>
<tr><td align="center">Mᵉ PAUL CHEVALLIER</td><td align="center">MM. MANNHEIM Père et Fils</td></tr>
<tr><td align="center">10, rue de la Grange-Batelière, 10</td><td align="center">7, rue Saint-Georges, 7</td></tr>
</table>

EXPOSITIONS

PARTICULIÈRE : *Le Samedi 29 Mai 1897, de 1 h. à 6 h.*
PUBLIQUE : *Le Dimanche 30 Mai 1897, de 1 h. à 6 h.*

DC5412

CONDITIONS DE LA VENTE

Elle sera faite au comptant.

Les acquéreurs payeront *cinq pour cent* en sus des adjudications.

L'Exposition mettant le public à même de se rendre compte de l'état et de la nature des objets, il ne sera admis aucune réclamation une fois l'adjudication prononcée.

Paris. Imprimerie de l'Art, E. Moreau et Cⁱᵉ, 41, rue de la Victoire.

ORDRE DES VACATIONS *

Le Lundi 31 Mai 1897.

Bois sculptés.	Nᵒˢ 70 à 98
Faïences italiennes.	— 349 à 380
— de Bernard Palissy.	— 478 à 500
— hispano-moresques.	— 571 à 581
Verrerie de Venise.	— 582 à 594

Le Mardi 1ᵉʳ Juin 1897.

Bois sculptés.	Nᵒˢ 99 à 127
Faïences italiennes	— 381 à 409
— de Bernard Palissy.	— 501 à 518
Verrerie de Venise.	— 595 à 607
Verres églomisés	— 668 à 673
Émaux	— 706 à 719

Le Mercredi 2 Juin 1897.

Bois sculptés.	Nᵒˢ 128 à 155
Terres cuites émaillées	— 188 à 203
Faïences italiennes	— 410 à 436
— de Bernard Palissy.	— 519 à 542
Verrerie de Venise	— 608 à 620

Le Jeudi 3 Juin 1897.

Bois sculptés.	Nᵒˢ 156 à 187
Faïences italiennes.	— 437 à 477
— de Bernard Palissy.	— 543 à 570
Verrerie de Venise.	— 621 à 635

Le Vendredi 4 Juin 1897.

Bronzes	Nᵒˢ 235 à 256

*N. B. — *L'ordre numérique ne sera pas suivi.*

Plaquettes en bronze. . . . . Nᵒˢ 257 à 302
Dinanderie . . . . —   303 à 318
Horloges . . . . —   636 à 667

Le Samedi 5 Juin 1897.

Miniatures. . . . . Nᵒˢ 720 à 727
Tableaux . . . . —   728 à 771
Dessins anciens . . . . —   772 à 781

Le Mardi 8 Juin 1897.

Meubles. . . . . Nᵒˢ   1 à   7
Coffres . . . . —   15 à 22
Tables. —   30 à 35
Sièges . . . . —   43 à 56
Terres cuites . . . . — 204 à 211
Pierres . . . . — 212 à 215
Marbres. . . . . — 216 à 226
Stucs . . . . — 227 à 234
Ivoires. . . . . — 319 à 330
Cires . . . . — 331 à 348
Vitrines. . . . . — 817 à 822

Le Mercredi 9 Juin 1897.

Meubles. . . . . Nᵒˢ   8 à 14
Coffres. —   23 à 29
Tables. —   36 à 42
Sièges. —   57 à 69
Coffrets . . . . — 674 à 690
Cuirs . . . . — 691 à 705
Tapisseries . . . . — 782 à 785
Divers. — 786 à 816
Vitrines. . . . . — 823 à 828

DÉSIGNATION DES OBJETS

MEUBLES

15500.—   1 — Grand dressoir. École française. Lyon, vers 1560.

22000.—   2 — Grand dressoir. École flamande, première moitié du XVIe siècle.

8500.—   3 — Grand dressoir. École du nord de la France, XVe siècle.

4000.—   4 — Dressoir. École française. Ile-de-France, seconde moitié du XVIe siècle.

3400.—   5 — Dressoir. École française. Lyon, vers 1580.

6000.—   6 — Dressoir. École française. Ile-de-France, milieu du XVIe siècle.

6500.—   7 — Armoire à deux corps. École française. Lyon, milieu du XVIe siècle.

8 — Armoire à deux corps. École française.
Ile-de-France, milieu du xvi⁰ siècle.

9 — Dressoir. École allemande, fin du xv⁰ siècle.

10 — Dressoir. École allemande, fin du xv⁰ siècle.

11 — Dressoir. École française, fin du xv⁰ siècle.

12 — Dressoir. École française. Bords de la
Loire, fin du xv⁰ siècle.

13 — Grand Cabinet en ébène. École flamande,
fin du xvi⁰ siècle.

14 — Meuble d'appui. École espagnole, xvi⁰
siècle.

COFFRES

15 — Coffre de mariage. École italienne, fin du
xiv⁰ siècle.

16 — Coffre. École française, fin du xv⁰ siècle.

17 — Grand coffre. École française. Nord de la
France, commencement du xvi⁰ siècle.

18 — Coffre. École française. Ile-de-France,
première moitié du xvi⁰ siècle.

19 — Coffre. École française, première moitié
du XVIᵉ siècle.

20 — Grand coffre. Bois de noyer. École française, XVᵉ siècle.

21 — Coffre. École française, 1515.

22 — Coffre. École allemande, fin du XVᵉ siècle.

23 — Coffre. École française. Auvergne, première moitié du XVIᵉ siècle.

24 — Coffre. École française, première moitié
du XVIᵉ siècle.

25 — Coffre. École française. Auvergne, première moitié du XVIᵉ siècle.

26 — Coffre. École française, première moitié
du XVIᵉ siècle.

27 — Coffre. École française, première moitié
du XVIᵉ siècle.

28 — Coffre. École française, première moitié
du XVIᵉ siècle.

29 — Coffre. École française, XVIᵉ siècle.

TABLES

30 — Grande table. École française, milieu du XVIᵉ siècle.

31 — Grande table. École française, milieu du XVIᵉ siècle.

32 — Table. École lyonnaise, XVIᵉ siècle.

33 — Table. École française. Travail lyonnais, vers 1570.

34 — Table. École française. Lyon, seconde moitié du XVIᵉ siècle.

35 — Table. École française, fin du XVIᵉ siècle.

36 — Table. École française. Lyon, vers 1588.

37 — Table. École française, vers 1570.

38 — Table. École française, fin du XVIᵉ siècle.

39 — Table. École française, fin du XVIᵉ siècle.

40 — Table. École française, fin du XVIᵉ siècle.

41 — Table. École française, fin du XVIᵉ siècle.

42 — Table. Bois de noyer.

SIÈGES

43 — Stalle à deux places. École française. Auvergne, première moitié du xvie siècle.

44 — Chaire. École française, vers 1530.

45 — Chaire. École française, xvie siècle.

46 — Chaise à haut dossier. École française. Ile-de-France, milieu du xvie siècle.

47 — Grand fauteuil. Travail français, fin du xvie siècle.

48 — Chaise à haut dossier. École française, milieu du xvie siècle.

49 — Escabeau. Travail italien, seconde moitié du xvie siècle.

5o — Escabeau. Travail italien, seconde moitié du xvie siècle.

51 — Escabeau. École française, fin du xvie siècle.

52 — Escabeau. École française, fin du xve siècle.

53 — Chaise caqueteuse. École française, milieu du xvie siècle.

54 — Fauteuil. École française, milieu du xvie siècle.

55 — Fauteuil. Travail français, fin du xvie siècle.

56 — Fauteuil. Travail français, fin du xvie siècle.

57 — Fauteuil. Travail français, fin du xvie siècle.

58 — Chaise. École française, xvie siècle.

59 — Escabeau. École française, vers 1580.

60 — Escabeau. École française, xvie siècle.

61 — Chaire à haut dossier. École française, commencement du xvie siècle.

62 — Chaire. Bois sculpté. École française, xve siècle.

63 — Chaire. École de l'Ile-de-France, xvie siècle.

64 — Escabeau. École italienne, xvie siècle.

65 — Fauteuil. École française, xvie siècle.

66 — Fauteuil. École française. Lyon, xvie siècle.

67 — Fauteuil. École française, fin du xvie siècle.

68 — Stalle. École française, commencement du
xvie siècle.

69 — Escabeau pliant. École italienne, xvi^e
siècle.

BOIS SCULPTÉS

70 — Sainte Catherine d'Alexandrie. École flamande, fin du xve siècle.

71 — Sainte Marie-Madeleine. École flamande,
fin du xve siècle.

72 — Une des Compagnes de sainte Ursule.
École allemande, xve siècle.

73 — Sainte Marie-Madeleine. École allemande.
Augsbourg, xve siècle.

74 — Retable en forme de triptyque. École allemande. Bavière, fin du xve siècle.

75 — La Mort de la Tarasque. École française,
xve siècle.

76 — Le Christ au jardin des Oliviers. École
flamande, commencement du xvie siècle.

77 — Le Portement de croix. École flamande, commencement du xvie siècle.

78 — L'Évanouissement de la Vierge. École flamande, commencement du xvie siècle.

79 — La Mise au tombeau. École flamande, commencement du xvie siècle.

80 — Saint Martin. École française, commencement du xvie siècle.

81 — Saint Georges. École allemande, commencement du xvie siècle.

82 — Saint Martin. École allemande, commencement du xvie siècle.

83 — La Vierge et l'Enfant Jésus. École vénitienne, xve siècle.

84 — Sainte Marie-Madeleine. École allemande, commencement du xvie siècle.

85 — Un Roi et un Mendiant. École flamande, fin du xve siècle.

86 — Sainte Barbe. École française, fin du xve siècle.

87 — Un Chevalier. École flamande, fin du xve siècle.

200.- 88 — Saint Sébastien. École allemande, fin du xvᵉ siècle.

800.- 89 — Sainte Anne, la Vierge et l'Enfant Jésus. École allemande, xvᵉ siècle.

1450. 90 — L'Assomption. École milanaise, xvᵉ siècle.

420 91 — L'Adoration des Mages. École allemande, fin du xvᵉ siècle.

2400 92 — Triptyque. École allemande, fin du xvᵉ siècle.

560 93 — Sujet inconnu. École allemande, fin du xvᵉ siècle.

94 — Sainte Barbe. École allemande, commencement du xviᵉ siècle.

300.- 95 — Le Roi Melchior. École allemande, commencement du xviᵉ siècle.

800 96 — Dais. École allemande, commencement du xviᵉ siècle.

290.- 97 — Un Ange. École allemande, commencement du xviᵉ siècle.

305.- 98 — Saint Maurice. École allemande, xvᵉ siècle.

3.900.— 99 — Buste de femme. Art italien, fin du xv^e
siècle.

125.— 100 — L' « Ecce homo ». École française, xv^e
siècle.

160.— 101 — Saint Laurent. École flamande, commencement du xvie siècle.

550.— 102 — Saint Roch. Travail flamand, commencement du xvie siècle.

2.000.— 103 — La Tarasque domptée par sainte Marthe.
École française, xve siècle.

170.— 104 — L'Adoration des Rois. École flamande,
commencement du xvie siècle.

195.— 105 — La Vierge présentant l'Enfant Jésus au
Temple. École flamande, xve siècle.

355.— 106 — Saint Jean-Baptiste. École flamande, xv^e
siècle.

800.— 107 — Sainte Catherine d'Alexandrie. École flamande, commencement du xvie siècle.

620.— 108 — Un saint chevalier. École allemande, xv^e
siècle.

140.— 109 — Sainte Agnès. École flamande, fin du
xve siècle.

110 — Sainte Barbe. École flamande, fin du xve siècle.

111 — La Vierge et l'Enfant Jésus. École flamande, fin du xve siècle.

112 — Sainte Marie-Madeleine. École flamande,
fin du xve siècle.

113 — Sainte Marguerite. Travail flamand, commencement du xvie siècle.

114 — Sainte Barbe. Travail flamand, commencement du xvie siècle.

115 — Saint Michel. Art allemand, xve siècle.

116 — Saint Georges. Art allemand, xve siècle.

117 — Buste de femme. École italienne, fin du
xve siècle.

118 — Buste-reliquaire de saint Bernard. École
française, fin du xve siècle.

119 — Buste d'homme. École allemande, fin du
xve siècle.

120 — Le Portement de croix. École flamande,
fin du xve siècle.

121 — La Mise au tombeau. École flamande, fin du xvᵉ siècle.

122 — Un Saint. École allemande, fin du xvᵉ siècle.

123 — Le Christ dans le prétoire. École flamande, xvɪᵉ siècle.

124 — Trois soldats. École flamande, xvɪᵉ siècle.

125 — Buste de sainte. École espagnole, xvɪᵉ siècle.

126 — Saint Christophe. École française, xvᵉ siècle.

127 — La Vierge, saint Jean et la Madeleine. École flamande, xvᵉ siècle.

128 — L'Évanouissement de la Vierge. École française, xvᵉ siècle.

129 — La Mise au tombeau. École allemande, xvᵉ siècle.

130 — L'Arrestation du Christ. École allemande, xvᵉ siècle.

131 — Les Vendeurs chassés du Temple. École allemande, xvɪᵉ siècle.

170 —132 — La Résurrection. École flamande, fin du
xve siècle.

310 — 133 — Saint Michel terrassant le démon. École
française, fin du xve siècle.

500 — 134 — Saint Michel terrassant le démon. Bois
sculpté. Travail flamand, xve siècle.

450 — 135 — Deux Cavaliers. École allemande, commencement du xvie siècle.

400 — 136 — Saint Michel. Art allemand, xve siècle.

780. — 137 — La Messe. École allemande, commencement du xvie siècle.

200 — 138 — Deux Soldats. École flamande. Anvers,
fin du xve siècle.

210 — 139 — Un Château. École flamande, commencement du xvie siècle.

120 — 140 — La Fuite en Égypte. École flamande,
commencement du xvie siècle.

120 — 141 — Saint Joachim et sainte Élisabeth. École
flamande, commencement du xvie siècle.

230 — 142 — Saint Joachim et sainte Élisabeth. École
143 flamande, commencement du xvie siècle.

143 — L'Annonciation. École flamande, commencement du xvie siècle.

144 — La Parabole du semeur. École flamande, commencement du xvie siècle.

145 — La Parabole des ouvriers de la vigne. École flamande, commencement du xvie siècle.

146 — L'Adoration des Mages. École flamande, xvie siècle.

147 — Ronde de bergers. École flamande, fin du xve siècle.

148 — La Nativité. École milanaise, fin du xve siècle.

149 — Un Ange. École allemande, fin du xve siècle.

150 — Un Ange. École allemande, fin du xve siècle.

151 — Un Ange musicien. École du nord de l'Italie, fin du xve siècle.

152 — Un Ange musicien. École du nord de l'Italie, fin du xve siècle.

153 — Médaillon. Art français. Auvergne, première moitié du xvie siècle.

154 — Saint Grégoire. École du nord de l'Italie, xve siècle.

155 — Saint Jérôme. École du nord de l'Italie, xve siècle.

156 — Saint Augustin. École du nord de l'Italie, xve siècle.

157 — Saint Ambroise. École du nord de l'Italie, xve siècle.

158 — Trois Personnages écoutant une prédication. École allemande, xvie siècle.

159 — La Mort de la Vierge. École allemande, xvie siècle.

160 — Panneau. École française, première moitié du xvie siècle.

161 — Panneau. École française, première moitié du xvie siècle.

162 — Panneau. École française, première moitié du xvie siècle.

355. { 163 — Panneau. École française, première moitié du xvıᵉ siècle.

164 — Panneau. École française, première moitié du xvıᵉ siècle.

265. 165 — Bas-relief. École espagnole, xvıᵉ siècle.

260. 166 — Bas-relief. École espagnole, xvıᵉ siècle.

240. 167 — Bas-relief. École espagnole, xvıᵉ siècle.

260. 168 — Bas-relief. École espagnole, xvıᵉ siècle.

220. 169 — Bas-relief. École espagnole, première moitié du xvıᵉ siècle.

220. 170 — Bas-relief. École espagnole, première moitié du xvıᵉ siècle.

240. 171 — Devant de coffre. École italienne, xvıᵉ siècle.

370. 172 — La Naissance de la Vierge. École allemande, xvᵉ siècle.

250. 173 — Panneau. École de Jean Goujon, deuxième moitié du xvıᵉ siècle.

1040. 174 — Sainte Anne, la Vierge et l'Enfant Jésus. Art flamand, xvᵉ siècle.

300 - 175 — Gaine. France, xvɪe siècle.

245 - 176 — Gaine. France, xvɪe siècle.

575 - 177 — Dais. École allemande, fin du xve siècle.

2050 - 178 — Triptyque. École flamande, commencement du xvɪe siècle.

140 - 179 — La Nativité. École bourguignonne, xve siècle.

300 - 180 — Les Funérailles de la Vierge. École française, commencement du xvɪe siècle.

435 - 181 — La Mort de la Vierge. École française, commencement du xvɪe siècle.

2500 - 182 — Saint Étienne, école bourguignonne, xve siècle.

360 - 183 — Un saint Évêque. École française, commencement du xvɪe siècle.

485 - 184 — Un saint Personnage. École française, commencement du xvɪe siècle.

570 - 185 — Un Docteur. École française, commencement du xvɪe siècle.

2350 - 186 — La Sainte Vierge. École allemande, xvɪe siècle.

187

187 — L'Ange Gabriel. École allemande, XVIᵉ siècle.

TERRES CUITES ÉMAILLÉES

188 — La Vierge, l'Enfant Jésus et saint Jean. Andrea della Robbia, xvᵉ siècle.

189 — Tabernacle. Andrea della Robbia, xvᵉ siècle.

190 — Buste de saint Paul. Luca della Robbia, xvᵉ siècle.

191 — Lucrèce. Andrea della Robbia, xvᵉ siècle.

192 — Médaillon. Terre cuite émaillée. Ecole des della Robbia. Florence, xvᵉ siècle.

193 — Tête de Chérubin. Andrea della Robbia, xvᵉ siècle.

194 — Buste d'ange. École des della Robbia, deuxième moitié du xvᵉ siècle.

195 — Buste d'ange. École des della Robbia, xvᵉ siècle.

225 — 196 — Médaillon. École italienne. Atelier des della Robbia. Florence, xvᵉ siècle.

205 — 197 — Monogramme du Christ. Atelier des della Robbia, xvᵉ siècle.

480 — 198 — Portrait d'homme. École italienne. Atelier des della Robbia. Florence, xvıᵉ siècle.

620 — 199 — Buste d'empereur romain. Terre cuite émaillée. Andrea della Robbia. Florence, fin du xvᵉ siècle.

1080 — 200 — Amour sur un dauphin. École italienne. Giovanni della Robbia. Florence, fin du xvᵉ siècle.

370 — 201 — Vase à deux anses. Florence. Atelier des della Robbia, xvᵉ siècle.

720 — 202 — Grand vase. Terre cuite émaillée. Atelier des della Robbia. Florence, xvᵉ siècle.

720 — 203 — Grand vase. Terre cuite émaillée. Atelier des della Robbia. Florence, xvᵉ siècle.

TERRES CUITES

12500 — 204 — Saint Jean se rendant au désert. Andrea del Verrocchio, xvᵉ siècle.

205 — Buste de saint Jean l'Évangéliste. École de Padoue, xve siècle.

206 — Buste de sainte Catherine de Sienne. École florentine, seconde moitié du xve siècle.

207 — La Vierge et l'Enfant Jésus. École florentine, première moitié du xve siècle.

208 — La Vierge et l'Enfant Jésus. École florentine, milieu du xve siècle.

209 — Saint Jean dans le désert. École florentine, milieu du xve siècle.

210 — Un ange. Andrea della Robbia, xve siècle.

211 — Un ange. Andrea della Robbia, xve siècle.

PIERRES

212 — Jésus guérissant un paralytique. École allemande, commencement du xvie siècle.

213 — Saint Jérôme dans le désert. École florentine, xve siècle.

214 — Retable. École flamande, fin du xve siècle.

215 — Saint Jean-Baptiste. École florentine, commencement du xvie siècle.

MARBRES

216 — La Vierge et l'Enfant Jésus. Les Mantegazza. École milanaise, fin du xve siècle.

217 — Un prophète. École française. Troyes, commencement du xvie siècle.

218 — La Renommée. École flamande ou allemande, xviie siècle.

219 — Le Sacre d'un évêque. École flamande, fin du xive siècle.

220 — La Cène. École italienne du nord, xvie siècle.

221 — Empereur romain. École italienne, xvie siècle.

222 — Empereur romain. École italienne, xvie siècle.

223 — Le Portement de croix. École italienne, xvie siècle.

224 — La Vierge et l'Enfant Jésus. École italienne. Florence, fin du xve siècle.

225 — La Visitation. Groupe en marbre. Travail français, xvᵉ siècle.

226 — Un lion et une lionne. Marbre blanc. École italienne, xvᵉ siècle.

STUCS

227 — La Vierge et l'Enfant Jésus. Luca della Robbia. Florence, xvᵉ siècle.

228 — La Vierge et l'Enfant Jésus. École allemande, commencement du xviᵉ siècle.

229 — Saint Jean l'Évangéliste. École espagnole, xviᵉ siècle.

230 — La Vierge et l'Enfant Jésus. Stuc peint et doré. Mino da Fiésole. École florentine, seconde moitié du xvᵉ siècle.

231 — La Vierge et l'Enfant Jésus. École flamande, xvᵉ siècle.

232 — La Vierge et l'Enfant Jésus. École italienne. Florence, seconde moitié du xvᵉ siècle.

233 — La Vierge et l'Enfant Jésus. Stuc peint et

doré. Jacopo della Quercia. Sienne, première
moitié du xve siècle.

234 — Saint Jean-Baptiste. Stuc peint et doré.
École florentine, xve siècle.

BRONZES

235 — David vainqueur de Goliath. Vellano.
École de Padoue, fin du xve siècle.

236 — Lucrèce. École de Padoue, fin du xv^e
siècle.

237 — L'Aurore. Bronze doré. Travail italien.
Florence, xvie siècle.

238 — La Nuit. Bronze doré. Travail italien.
Florence, xvie siècle.

239 — Le Tireur d'épine. École de Padoue, fin
du xve siècle.

240 — Vénus. École de Padoue, fin du xv^e
siècle.

241 — Prométhée. École de Padoue, xvie siècle.

242 — Vénus. École vénitienne, xvie siècle.

243 — Vénus. École vénitienne, xvie siècle.

244 — Lionne. École italienne, xve siècle.

245 — Un Écorché. École italienne, fin du xve siècle.

246 — Satyre. École de Padoue, fin du xve siècle.

247 — Enfant monté sur un dauphin. École de Padoue, fin du xve siècle.

248 — Encrier. École de Padoue, xve siècle.

249 — Encrier. École de Padoue, xve siècle.

250 — Saint Jérôme. École de Padoue, xve siècle.

251 — Mortier. École italienne, xve siècle.

252 — Mortier. École italienne, fin du xve siècle.

253 — Faunesse et petit faune. École de Padoue, xvie siècle.

254 — Vénus. École de Padoue, fin du xve siècle.

255 — Androclès. École de Nuremberg ou d'Augsbourg, xve siècle.

256 — Encrier. Bronze. École italienne. Padoue, xve siècle.

PLAQUETTES EN BRONZE

257 — Chasse au lion. Giovanni Bernardi de Castelbolognese, xvie siècle.

258 — Hercule et Antée. Moderno. Italie du Nord, fin du xve siècle.

259 — Bacchante endormie. L'Abondance et un Satyre. Fin du xve siècle.

260 — Apollon et Marsyas. Vlocrino. Italie du Nord, fin du xve siècle.

261 — Une Allocution. Valerio Belli, dit Valerio Vicentino. Vicence, xvie siècle.

262 — Un Combat. Moderno. Italie du Nord, fin du xve siècle.

263 — Mucius Scœvola. Giovanni di Lorenzo di Pietro delle Opere, dit Giovanni delle Corniole. Florence, fin du xve siècle.

264 — Hercule et le lion de Némée. Moderno. Italie du Nord, fin du xve siècle.

265 — Chasse au lion. Moderno. Italie du Nord, fin du xve siècle.

65. 266 — Triomphe de la Justice et de la Paix. École allemande, xvᵉ siècle. R

190- 267 — Minerve sur un char. École italienne, xvᵉ siècle. *mannheim*

95- 268 — Hercule et le lion de Némée. Moderno. Italie du Nord, fin du xvᵉ siècle. *de ganay*

85- 269 — L'Abondance et un Satyre. Fra Antonio da Brescia. Brescia, fin du xvᵉ siècle. R

280- 270 — Sujet mythologique. Vlocrino. Italie du Nord, fin du xvᵉ siècle. *montigny*

220- 271 — Orphée charmant les animaux. Italie du Nord, fin du xvᵉ siècle. *Salting*

620- 272 — Un Sacrifice antique. Andrea Briosco, dit Il Riccio. Padoue, fin du xvᵉ siècle. *Lowengard*

165- 273 — Mars et la Victoire. Moderno. Italie du Nord, fin du xvᵉ siècle. *Somzee*

165- 274 — Le Christ de pitié. École flamande, xvᵉ siècle. *racheté*

200- 275 — La Résurrection de Lazare. Valerio Belli, dit Valerio Vicentino. Vicence, xviᵉ siècle. *Lowengard*

175. 276 — Hercule, Minerve, Vénus et l'Amour. *ganay*

Valerio Belli, dit Valerio Vicentino. Vicence,
xvie siècle.

277 — Hercule et Cacus. Moderno. Italie du
Nord, fin du xve siècle.

278 — David, vainqueur de Goliath. Moderno.
Italie du Nord, fin du xve siècle.

279 — La Vierge, l'Enfant Jésus et plusieurs
saints. Moderno. Italie du Nord, fin du xv^e
siècle.

280 — Sacrifice d'Iphigénie. Giovanni di Lorenzo di Pietro delle Opere, dit Giovanni
delle Corniole. Florence, fin du xve siècle.

281 — Hercule et le lion de Némée. Moderno.
Italie du Nord, fin du xve siècle.

282 — Le Jugement de Pâris. Giovanni di Lorenzo di Pietro delle Opere, dit Giovanni
delle Corniole. Florence, fin du xve siècle.

283 — La Mise au Tombeau. Moderno. Italie
du Nord, fin du xve siècle.

284 — Cosme de Médicis l'Ancien. Art floren-
tin, xve siècle.

285 — Triomphe de la Virginité. École allemande, xve siècle.

286 — Apollon et Marsyas. Giovanni Bernardi
Castelbolognese, xvie siècle.

287 — Saint Romédius et un lion. Vlocrino.
Italie du Nord, fin du xve siècle.

288 — Jason. — Amour endormi. Fra Antonio
da Brescia. Brescia, fin du xve siècle.

289 — La Vierge et l'Enfant Jésus. École de
Padoue, fin du xve siècle.

290 — Légende du roi de Mercie. École allemande, fin du xve siècle.

291 — L'Éducation de la Vierge. École italienne,
fin du xve siècle.

292 — Le Couronnement de la Vierge. École
allemande ou flamande, fin du xve siècle.

293 — Triomphe de la Pauvreté. École allemande, xvie siècle.

294 — Sainte Marie-Madeleine. École florentine,
seconde moitié du xve siècle.

295 — Saint Jean l'Évangéliste. École florentine, seconde moitié du xvᵉ siècle.

296 — La Vierge et l'Enfant Jésus. École vénitienne, fin du xvᵉ siècle.

297 — Hercule et Antée. Moderno. Italie du Nord, fin du xvᵉ siècle.

298 — Plaque décorative. École italienne, seconde moitié du xvᵉ siècle.

299 — Saint Georges et saint Sébastien. École allemande, xvɪᵉ siècle.

300 — Un Triomphe. École italienne, milieu du xvᵉ siècle.

301 — Jupiter, Junon et l'Amour. École italienne, xvɪᵉ siècle.

302 — Le Christ au jardin des Oliviers. École allemande, xvɪᵉ siècle.

DINANDERIE

303 — Lustre. Travail flamand, fin du xvᵉ siècle.

304 — Lustre. Travail flamand, fin du xvᵉ siècle.

3

305 — Petit lustre. Travail flamand, fin du xv^e
siècle.

306 — Coquemard. École flamande, xve siècle.

307 — Bassin. École flamande, xve siècle.

308 — Aiguière. xve siècle.

309 — Aiguière. xve siècle.

310 — La Vierge et l'Enfant Jésus. École flamande, fin du xve siècle.

311 — Vasque. Travail flamand, xviie siècle.

312 — Brasero. Travail oriental, xvie siècle.

313 — Bassin. École flamande, commencement
du xvie siècle.

314 — Plateau. Travail vénitien, xvie siècle.

315 — Bassin. École flamande, xvie siècle.

316 — Bassin. École flamande, xve siècle.

317 — Grand plat. Travail flamand, xvie siècle.

318 — Plat. Fin du xvie siècle.

IVOIRES

319 — Boîte de miroir. Travail français, xvie siècle.

320 — Boîte de miroir. Travail français, xive siècle.

321 — Saint Sébastien. Travail français, xve siècle.

322 — Pion de damier. Italie, xie ou xiie siècle.

323 — Pion de damier. Os. Travail français, xvie siècle.

324 — Boîte de miroir. Travail français, première moitié du xve siècle.

325 — Boîte de miroir. Travail français, commencement du xive siècle.

326 — Pion de damier. Travail français, xiie siècle.

327 — Pion de damier. Travail byzantin, x[e] ou xie siècle.

328 — Pion de damier. Ivoire fossile. Travail byzantin, x[e] ou xie siècle.

920 -

329 — Boîte de miroir. Travail français, première moitié du xive siècle.

1600 -

330 — Boîte de miroir. Travail français, xiv^e
siècle.

CIRES

105

331 — Portrait d'homme. École italienne, xvii^e
siècle.

85

332 — Portrait d'homme. École italienne, xvi^e
siècle.

70 -

333 — Notre-Dame de Lorette. École italienne,
xvie siècle.

160 -

334 — Portrait d'homme. École italienne, fin
du xvie ou commencement du xviie siècle.

110 -

335 — La Vierge et l'Enfant Jésus. École italienne, fin du xvie siècle.

68

336 — Sainte Marie-Madeleine. École italienne,
xviie siècle.

330 -

337 — « Agnus Dei » aux armes du pape Pie V.
École italienne, entre les années 1566 et
1572.

338 — Persée délivrant Andromède. École italienne, xviie siècle.

339 — Portrait de François de Médicis. École italienne, seconde moitié du xvie siècle.

340 — Combat de cavalerie. École italienne, xviie siècle.

341 — Hans Roming. École allemande, 1576.

342 — Les Trois Rois mages. École allemande, xvie siècle.

343 — Henri IV. École française, commencement du xviie siècle.

344 — L'Ours et les Abeilles. École italienne, xviie siècle.

345 — La Vierge et l'Enfant Jésus. École italienne, xvie siècle.

346 — Portrait de femme. École italienne, xviie siècle.

347 — Portrait d'homme. École italienne, xvie siècle.

348 — Isabelle de Portugal, femme de l'empereur Charles-Quint. École italienne, xvie siècle.

FAIENCES ITALIENNES

349 — Coupe. Gubbio, vers 1530.

350 — Grand vase à couvercle. Castel Durante. Simóne, 1562.

351 — Assiette à larges bords. Faenza. Casa Pirota, commencement du xvie siècle.

352 — Grand vase à deux anses. Urbino. Orazio Fontana, vers 1550.

353 — Assiette à larges bords. Faenza. Casa Pirota, commencement du xvie siècle.

354 — Grand vase à deux anses. Urbino. Atelier d'Orazio Fontana, vers 1560.

355 — Coupe. Gubbio, vers 1535.

356 — Vase à deux anses. Urbino. Atelier des Fontana, vers 1550.

357 — Grand plat. Pesaro-Deruta, fin du xve siècle.

358 — Aiguière. Urbino. Atelier des Fontana, vers 1560.

5100 359 — Plateau circulaire. Deruta, vers 1530.

1450 360 — Aiguière. Urbino. Atelier des Fontana, vers 1560.

10.100 361 — Grand plat creux. Deruta. Il Frate, vers 1540.

500 362 — Vase à deux anses. Urbino. Milieu du xvie siècle, atelier des Fontana.

1180 363 — Assiette à larges bords. Castel Durante, vers 1530.

2050 364 — Gourde. Urbino. Atelier de Xanto, milieu du xvie siècle.

5.100 365 — Coupe. Caffagiolo, commencement du xvie siècle.

7600 366 — Grande coupe. Terre vernissée dite Alla Castellana, xve siècle.

4100. 367 — Assiette creuse à larges bords. Caffagiolo, commencement du xvie siècle.

1700 368 — Gourde aplatie. Castel Durante, vers 1540.

1560 369 — Assiette. Faenza, commencement du xvie siècle.

370 — Gourde. Caffagiolo, commencement du XVIᵉ siècle.

371 — Coupe. Castel Durante, vers 1530.

372 — Vase. Urbino. Orazio Fontana, seconde moitié du XVIᵉ siècle.

373 — Flambeau. Urbino. Guido Fontana, vers 1535.

374 — Aiguière. Urbino. Orazio Fontana, vers 1580.

375 — Coupe. Castel Durante, 1547.

376 — Gourde. Caffagiolo, commencement du XVIᵉ siècle.

377 — Assiette plate. Deruta, vers 1540.

378 — Grand vase à deux anses. Urbino. Atelier des Patanazzi, vers 1560.

379 — Coupe. Castel Durante, vers 1535.

380 — Grand vase à deux anses. Castel Durante, milieu du XVIᵉ siècle.

381 — Coupe à fruits. Castel Durante, vers 1535.

382 — Grand vase à deux anses. Urbino. Atelier des Patanazzi, vers 1560.

140.—

383 — Assiette creuse à larges bords. Deruta, commencement du xvie siècle.

400.—

384 — Vase en forme de dragon. Urbino, milieu du xvie siècle.

2250.—

385 — Grand plat. Caffagiolo, fin du xve siècle.

1350.—

386 — Aiguière. Castel Durante, milieu du xvie siècle.

4000.—

387 — Grande coupe. Faenza, vers 1520.

1050.—

388 — Aiguière. Castel Durante, milieu du xvie siècle.

1800.—

389 — Plateau d'aiguière. Deruta. Il Frate, 1542.

3450.—

390 — Aiguière en forme de lion. Urbino, milieu du xvie siècle.

390.—

391 — Plat circulaire. École italienne. Atelier d'Urbino, 1543.

1200.—

392 — Gourde. Ferrare, milieu du xvie siècle.

1050.—

393 — Plat creux. Caffagiolo, fin du xve siècle.

950.—

394 — Grand vase. Castel Durante. Simone, 1562.

920.—

395 — Plat. Toscane, fin du xve siècle.

396 — Gourde. Ferrare, milieu du xvie siècle.

397 — Assiette à bords plats. Atelier d'Urbino, xvie siècle.

398 — Chauffe-mains en forme de livre. Castel Durante, milieu du xvie siècle.

399 — Coupe à fruits. Castel Durante, vers 1535.

400 — Aiguière. Urbino. Orazio Fontana, vers 1560.

401 — Coupe. Urbino. Atelier de Xanto, vers 1540.

402 — Aiguière. Urbino. Atelier des Fontana, vers 1560.

403 — Coupe. Castel Durante, vers 1530.

404 — Chauffe-mains en forme de livre. Terre vernissée dite Alla Castellana, fin du xve siècle.

405 — Coupe. École italienne. Faenza, vers 1530.

406 — Écritoire. Fabrique d'Urbino, seconde moitié du xvie siècle.

407 — Grande coupe. École italienne. Faenza, vers 1530.

408 — Assiette plate. Urbino. Francesco Xanto Avelli, 1534.

409 — Écritoire. Urbino, xvie siècle.

410 — Assiette plate. Faenza. Casa Pirota, vers 1520.

411 — Assiette. Deruta, premier tiers du xvie siècle.

412 — Grand plat. Castel Durante, 1535.

413 — Petit plat. Terre vernissée dite Alla Castellana, xve siècle.

414 — Assiette plate. Urbino. Atelier de Xanto, vers 1540.

415 — Fontaine. Urbino, fin du xvie siècle.

416 — Assiette. Castel Durante, vers 1540.

417 — Grand plat. Pesaro-Deruta, fin du xve siècle.

418 — Grand plat. Pesaro-Deruta, fin du xve ou commencement du xvie siècle.

3600 - 419 — Grande vasque. Castel Durante, milieu du xvie siècle.

2200 - 420 — Grand plat. Pesaro-Deruta, fin du xve ou commencement du xvie siècle.

1680 - 421 — Grand plat. Pesaro-Deruta, commencement du xvie siècle.

320 . 422 — Petite coupe. Faenza, vers 1520.

160 - 423 — Fond de plat. Faenza, vers 1524.

980 - 424 — Plat. Pesaro-Deruta, commencement du xvie siècle.

820 425 — Plat. Pesaro-Deruta, commencement du xvie siècle.

580 - 426 — Grand vase. Deruta, première moitié du xvie siècle.

930 - 427 — Grand vase à deux anses. Deruta, première moitié du xvie siècle.

1320 - 428 — Vase à deux anses. Deruta, premier quart du xvie siècle.

1500 . 429 — Vase à deux anses. Deruta, première moitié du xvie siècle.

180 - 430 — Vase. Deruta, milieu du xvie siècle.

431 — Vase. Deruta, milieu du xvie siècle.

432 — Vase. Deruta, milieu du xvie siècle.

433 — Vase. Deruta ou Gubbio, milieu du xvie siècle.

434 — Grand plat. Deruta, commencement du xvie siècle.

435 — Plaque. Deruta, premier tiers du xvie siècle.

436 — Grand plat. Deruta, vers 1540.

437 — Grand plat. Deruta, vers 1540.

438 — Grand plat. Terre vernissée dite à la Castellana. Italie, xvie siècle.

439 — Grand plat. Terre vernissée dite à la Castellana. Commencement du xvie siècle.

440 — Encrier. Fabrique de Castel Durante, milieu du xvie siècle.

441 — Vase à deux anses. Fabrique de Deruta, commencement du xvie siècle.

442 — Vase à deux anses. Fabrique de Deruta, commencement du xvie siècle.

820 — 443 — Grand vase. Atelier de Fontana, seconde moitié du xvie siècle.

760 — 444 — Vase de pharmacie. Toscane, commencement du xvie siècle.

195 — 445 — Vase de pharmacie. Toscane, fin du xve siècle.

430 — 446 — Vase de pharmacie. Toscane, fin du xve siècle.

1250 — 447 — Vase à deux anses. Urbino, vers 1560.

448 — Vase à deux anses. Urbino, vers 1560.

185 — 449 — Coupe. Castel Durante, vers 1530.

1140 — 450 — Coupe à fruits. Castel Durante, vers 1535.

150 — 451 — Coupe. Castel Durante, vers 1530.

180 — 452 — Grand plat. Deruta, première moitié du xvie siècle.

180 — 453-466 — Fond de plat. Gubbio, vers 1530.

454 — Fragment de vase. Urbino, vers 1540.

350 — 455 — Fragment de vase. Urbino, vers 1540.

150 — 456 — Grand plat trilobé. Urbino (?), fin du xvie siècle.

160 — 457 — Plat creux. Faenza. Casa Pirota, vers 1525.

295 — 458 — Petit plat. Faenza. Casa Pirota, vers 1525.

3500 { 459 — Grand vase. Toscane, fin du xve siècle.

459 — Grand vase. Toscane, fin du xve siècle.

460 — Grand vase. Toscane, fin du xve siècle.

390. { 461 — Vase. Castel Durante, vers 1540.

462 — Vase. Castel Durante, vers 1540.

270. 463 — Assiette creuse. Venise, vers 1550.

370 — 464 — Grand plat. Pesaro-Deruta, commencement du xvie siècle.

465 — Flambeau. Terre vernissée, dite à la Castellana, xve siècle.

466 — Fond de plat. Deruta, premier tiers du xvie siècle.

467 — Vase de pharmacie (Albarello). École italienne. Atelier de Castel Durante, commencement du xvie siècle.

468 — Vase cylindrique (Albarello). Castel Durante, vers 1510.

469 — Vase. Deruta, commencement du xvie siècle.

420 — 470 — Grand plat. Deruta, première moitié du xvı^e siècle.

360 — 471 — Grand plat. Deruta, première moitié du xvı^e siècle.

290 — 472 — Vase. Toscane, commencement du xvı^e siècle.

52 — 473 — Vase de pharmacie (Albarello). Atelier de Faenza, xve siècle.

575 — 474 — Vase à deux anses. Atelier de Deruta, fin du xve siècle.

550 — 475 — Vase à deux anses. Atelier de Deruta, fin du xve siècle.

300 — 476 — Coupe. Atelier d'Urbino. Fabrique des Fontana, xvı^e siècle.

290 — 477 — Grand plat. Atelier de Faenza, xvı^e siècle.

FAIENCES DE BERNARD PALISSY

480 — 478 — Coupe ronde à jour avec mascarons. Bernard Palissy, xvı^e siècle.

450 — 479 — Coupe ronde découpée à jour, dite aux génies. Bernard Palissy, xvı^e siècle.

210

480 — Aiguière. Faïence d'Apt, XVIe siècle.

150

481 — Grand plat ovale, à reptiles. Bernard Palissy, XVIe siècle.

130 -

482 — Aiguière. Faïence d'Apt, XVIe siècle.

240 -

483 — Coupe ronde découpée à jour, dite aux génies. Bernard Palissy, XVIe siècle.

200 -

484 — Sainte Marie-Madeleine. Bernard Palissy, XVIe siècle.

650

485 — Plat à épices, avec cavités et génies. Bernard Palissy, XVIe siècle.

435 -

486 — Enfant emportant des chiens, suivi d'une chienne. Bernard Palissy, XVIe siècle.

400

487 — Un Dauphin. Bernard Palissy, XVIe siècle.

420 -

488 — Neptune sur un cheval marin. Bernard Palissy, XVIe siècle.

475 -

489 — Plat ovale, avec cavités et cornes d'abondance. Bernard Palissy, XVIe siècle.

105 -

490 — Un Moine. Bernard Palissy, XVIe siècle.

410 -

491 — Saint François recevant les stigmates. Bernard Palissy, XVIe siècle.

1505 -

492 — Grand plat ovale, à reptiles. Bernard Palissy, XVIe siècle.

493 — La Nourrice. Bernard Palissy, xvie siècle.

494 — Grand plat ovale : la Fécondité. Bernard Palissy, xvie siècle.

495 — Le Joueur de vielle. Bernard Palissy, xvie siècle.

496 — Grand plat ovale, à reptiles. Bernard Palissy, xvie siècle.

497 — Saint Paul. Bernard Palissy, xvie siècle.

498 — Plat rond, avec cavités et godrons. Bernard Palissy, xvie siècle.

499 — Plat ovale, avec cavités et palmettes. Bernard Palissy, xvie siècle.

500 — Coupe ronde à bords renversés : Jésus et les Pharisiens. Bernard Palissy, xvie siècle.

501 — Jésus et la Samaritaine. Bernard Palissy, xvie siècle.

502 — Coupe ronde : Persée délivrant Andromède. Bernard Palissy, xvie siècle.

503 — Plat ovale, à sept cavités. Bernard Palissy, xvie siècle.

504 — Coupe ronde : le Triomphe de Vénus. Bernard Palissy, xvie siècle.

505 — Plat ovale, à reptiles. Bernard Palissy, xvıe siècle.

506 — Saucière : Bacchus et Cérès. Bernard Palissy, xvıe siècle.

507 — Plat ovale, à reptiles. Bernard Palissy, xvıe siècle.

508 — Porte-lumière, applique : buste de jeune homme. Bernard Palissy, xvıe siècle.

509 — Plat ovale : reptiles et cailloux. Bernard Palissy, xvıe siècle.

510 — Saucière : Cérès et Bacchus. Bernard Palissy, xvıe siècle.

511 — Plat ovale, à reptiles et coquillages. Bernard Palissy, xvıe siècle.

512 — Saucière : Pomone et Bacchus. Bernard Palissy, xvıe siècle.

513 — Coupe ronde à palmettes. Bernard Palissy, xvıe siècle.

514 — Saucière : nymphe. Bernard Palissy, xvıe siècle.

515 — Plat ovale, aux génies. Bernard Palissy, xvıe siècle.

480. 516 — Coupe ronde à bords renversés : scène pastorale. Bernard Palissy, xvıᵉ siècle.

1250 517 — Plat ovale, avec cavités et cornes d'abondance. Bernard Palissy, xvıᵉ siècle.

520 518 — Plat ovale à palmettes découpées à jour. — Bernard Palissy, xvıᵉ siècle.

1500 519 — Grand plat ovale : la Fécondité. Bernard Palissy, xvıᵉ siècle.

750 520 — Plateau ovale découpé à jour. Bernard Palissy, xvıᵉ siècle.

680 521 — Plat ovale, à reptiles. Bernard Palissy, xvıᵉ siècle.

485 522 — Plat ovale : une sibylle. Bernard Palissy, xvıᵉ siècle.

780 523 — Plat ovale, à reptiles. Bernard Palissy, xvıᵉ siècle.

330 524 — Un joueur de triangle. Statuette. Bernard Palissy, xvıᵉ siècle.

500 525 — Coupe découpée à jour. Bernard Palissy, xvıᵉ siècle.

250 526 — Saint Jérôme. Statuette. Bernard Palissy, xvıᵉ siècle.

527 — Plat ovale : l'Eau. Bernard Palissy, XVIe
siècle.

528 — Grande coupe ronde : Bacchus enfant.
Bernard Palissy, XVIe siècle.

529 — Plat ovale : la chaste Suzanne. Bernard
Palissy, XVIe siècle.

530 — Coupe ronde à jour. Bernard Palissy,
XVIe siècle.

531 — Plat ovale : le Combat des Centaures et
des Lapithes. Bernard Palissy, XVIe siècle.

532 — Grande coupe ronde à jour. Bernard Palissy, XVIe siècle.

533 — Plat ovale, à reptiles. Bernard Palissy,
XVIe siècle.

534 — L'Adoration des Bergers. Groupe. Bernard Palissy, XVIe siècle.

535 — Plat ovale, à reptiles. Bernard Palissy,
XVIe siècle.

536 — Sainte Marthe. Haut relief. Bernard Palissy, XVIe siècle.

537 — Coupe à rayons découpés à jour. Bernard
Palissy, XVIe siècle.

380 — 538 — Aiguière. Bernard Palissy, xvie siècle.

210 — 539 — Coupe ovale : l'Été. Bernard Palissy, xvie siècle.

250 — 540 — Plat ovale, à godrons et cavité. Bernard Palissy, xvie siècle.

130 — 541 — Coupe ovale : l'Automne. Bernard Palissy, xvie siècle.

200 — 542 — Plat ovale à palmettes. Bernard Palissy, xvie siècle.

230 — 543 — Plat ovale : Esther. Bernard Palissy, xvie siècle.

800 — 544 — Plat ovale, à reptile et mascarons. Bernard Palissy, xvie siècle.

138 — 545 — Plat ovale : le Sacrifice d'Abraham. Bernard Palissy, xvie siècle.

950 — 546 — Coupe ronde, à rosace. Bernard Palissy, xvie siècle.

575 — 547 — Plat ovale : la Décollation de saint Jean-Baptiste. Bernard Palissy, xvie siècle.

485 — 548 — Flambeau en forme de chien. Bernard Palissy, xvie siècle.

549 — Coupe : scène mythologique. Bernard
Palissy, xvɪᵉ siècle.

550 — Flambeau en forme de chien. Bernard
Palissy, xvɪᵉ siècle.

551 — Coupe ronde, à mascarons. Bernard Palissy, xvɪᵉ siècle.

552 — Plat ovale : Flore, déesse des jardins.
Bernard Palissy, xvɪᵉ siècle.

553 — Assiette ronde, à mascarons. Bernard
Palissy, xvɪᵉ siècle.

554 — Plat ovale, à reptiles. Bernard Palissy,
xvɪᵉ siècle.

555 — Coupe circulaire : Diane et Actéon. Bernard Palissy. France, xvɪᵉ siècle.

556 — Plat ovale, à reptiles. Bernard Palissy,
xvᵉ siècle.

557 — Un dauphin. Pièce de fontaine. Bernard
Palissy, xvɪᵉ siècle.

558 — Plat ovale : Pluton enlevant Proserpine.
Bernard Palissy, xvɪᵉ siècle.

559 — Un dauphin. Pièce de fontaine. Bernard
Palissy, xvɪᵉ siècle.

225 — 560 — Plat ovale à épices, avec cavités. Bernard Palissy, xvie siècle.

340 — 561 — Plat ovale : la Charité. Bernard Palissy. France, xvie siècle.

85 — 562 — Plat ovale : le Baptême du Christ. Bernard Palissy, xvie siècle.

800 — 563 — Plat ovale, avec cavité et godrons. Bernard Palissy, xvi^a siècle.

235 — 564 — Plat ovale : le Lavement des pieds. Bernard Palissy, xvie siècle.

135 — 565 — Plat ovale : le Baptême du Christ. Bernard Palissy, xvie siècle.

250 — 566 — Plat ovale : la Femme adultère. Bernard Palissy, xvie siècle.

75 — 567 — Coupe ovale : Jupiter et Calisto. Bernard Palissy. France, xvie siècle.

480 — 568 — Grand plat ovale, à reptiles. Bernard Palissy. xvie siècle.

70 — 569 — Petit plat ovale : la Création de la femme. Bernard Palissy, xvie siècle.

570 — Grand vase. Fabrique du Pré d'Auge, xvie siècle.

FAIENCES HISPANO-MORESQUES

571 — Vase cylindrique (Albarello). Valence, xve siècle.

572 — Vase cylindrique (Albarello). Valence, xve siècle.

573 — Vase cylindrique. Valence, xve siècle.

574 — Vase cylindrique. Valence, xve siècle.

575 — Plat à ombilic saillant. Valence, xvie siècle.

576 — Plat à ombilic saillant. Valence, commencement du xvie siècle.

577 — Plat. Valence, fin du xve siècle.

578 — Plat. Valence, fin du xve siècle.

579 — Plat. Valence, fin du xve siècle.

580 — Plat à ombilic saillant. Valence, xve siècle.

100 - 581 — Plat à ombilic saillant. Valence, commencement du xvie siècle.

VERRERIE DE VENISE

150 582 — Verre à boire. xvie siècle.

360 583 — Coupe. Fin du xve siècle.

560 584 — Verre à boire. Fin du xve siècle.

290 585 — Aiguière. Fin du xve siècle.

750 586 — Verre à boire. Fin du xve siècle.

580 587 — Coupe. Fin du xve siècle.

370 588 — Petit vase. xvie siècle.

450 589 — Coupe. Fin du xve siècle.

2050 590 — Gourde. Fin du xve siècle.

740 591 — Coupe. École italienne. Venise, xve siècle.

2000 592 — Aiguière. Fin du xve siècle.

580 - 593 — Coupe. Vers 1490.

550 594 — Gobelet. xvie siècle.

500 — 595 — Coupe. xvi⁰ siècle.

1950 — 596 — Grande coupe. Vers 1480.

580 — 597 — Coupe. Fin du xv⁰ siècle.

598 — Vase en forme de lion. xvi⁰ siècle.

330

135 — 599 — Petit vase. xvi⁰ siècle.

380 — 600 — Coupe. Fin du xv⁰ siècle.

950 — 601 — Vase. xvi⁰ siècle.

1200 — 602 — Grand plateau. Fin du xv⁰ siècle.

250 — 603 — Coupe. xvi⁰ siècle.

2.100 — 604 — Aiguière. xvi⁰ siècle.

620 — 605 — Coupe. Fin du xv⁰ siècle.

95 — 606 — Petit vase. xvi⁰ siècle.

450 — 607 — Flambeau. xvi⁰ siècle.

105 — 608 — Coupe basse. xvi⁰ siècle.

2150 — 609 — Gourde. Fin du xv⁰ siècle.

400 — 610 — Coupe basse. Commencement du xvi⁰ siècle.

260 — 611 — Aiguière. xvi⁰ siècle.

270 — 612 — Coupe basse. xvie siècle.

440 — 613 — Coupe. xvie siècle.

660 — 614 — Hanap. Fin du xve siècle.

615 — Grande coupe. xvie siècle.

420 — 616 — Vase. xvie siècle.

300 — 617 — Coupe. Commencement du xvie siècle.

286 — 618 — Coupe. xvie siècle.

619 — Aiguière. xvie siècle.

280 — 620 — Coupe. Commencement du xvie siècle.

430 — 621 — Grande coupe. Fin du xve siècle.

245 — 622 — Coupe basse. Commencement du xvie siècle.

480 — 623 — Aiguière. xvie siècle.

624 — Plateau. Commencement du xvie siècle.

220 — 625 — Coupe. Seconde moitié du xvie siècle.

400 — 626 — Vase. xvie siècle.

250 — 627 — Bassin. xvie siècle.

980 — 628 — Vase. Commencement du xvie siècle.

1000

215 629 — Vase. XVIᵉ siècle.

660 630 — Grande coupe. Commencement du XVIᵉ siècle.

130 631 — Coupe. XVIᵉ siècle.

85 632 — Grand verre à pied. XVIᵉ siècle.

260 633 — Grand plateau. Commencement du XVIᵉ siècle.

230 634 — Grande coupe. Commencement du XVIᵉ siècle.

700 635 — Grande coupe. Commencement du XVIᵉ siècle.

HORLOGERIE

420 636 — Horloge. Travail allemand, fin du XVIᵉ siècle.

630 637 — Horloge en forme de crucifix. Travail allemand, fin du XVIᵉ siècle.

1300 638 — Horloge en forme de vase. Travail allemand, fin du XVIᵉ siècle.

639 — Horloge en forme de sphère. Travail allemand, fin du xvie siècle.

640 — Horloge en forme de griffon. Travail
allemand, fin du xvie siècle.

641 — Horloge. Travail français, fin du xvie
siècle.

642 — Petite horloge ronde à réveil. Travail italien, milieu du xvie siècle.

643 — Horloge en forme de char. Travail allemand, fin du xvie siècle.

644 — Horloge. Travail français. Blois, seconde
moitié du xvie siècle.

645 — Horloge. Travail allemand, fin du xvie
siècle.

646 — Horloge. Travail allemand, fin du xvie
siècle.

647 — Horloge à cadran horizontal. Travail
français, fin du xvie siècle.

648 — Horloge en forme de lion. Travail allemand, fin du xvie siècle.

649 — Horloge. Travail allemand, fin du xvie siècle.

650 — Horloge en forme de sphère. Travail allemand, fin du xvie siècle.

651 — Horloge à cadran horizontal. Travail allemand, xvie siècle.

652 — Horloge de table. Bronze ciselé et doré. Travail allemand, xvie siècle.

653 — Horloge de table. Travail allemand, xvie siècle.

654 — Horloge astronomique. Travail allemand, xvie siècle.

655 — Horloge astronomique à cadran horizontal. Travail allemand, seconde moitié du xvie siècle.

656 — Horloge astronomique. Travail allemand, xvie siècle.

657 — Horloge en forme de sphère. Travail allemand, fin du xvie siècle.

658 — Horloge et montre solaire. Travail allemand, fin du xvie siècle.

1026. 659 — Horloge. Travail d'Augsbourg, xvie siècle.

485. 660 — Horloge de table. Travail allemand, xvie siècle.

530. 661 — Horloge de table. Travail allemand, commencement du xviie siècle.

500. 662 — Horloge en forme de statuette. Travail allemand. Augsbourg, xvie siècle.

350. 663 — Horloge de table. Travail allemand, xvie siècle.

210. 664 — Montre solaire. École italienne, xvie siècle.

500. 665 — Horloge de table. École allemande, xvie siècle.

520. 666 — Horloge de table. École allemande. Augsbourg, xvie siècle.

290. 667 — Horloge de table. École allemande. Augsbourg, xvie siècle.

VERRES ÉGLOMISÉS

668 — Le Portement de croix. École italienne, xvie siècle.

669 — Le Sacrifice d'Abraham. École vénitienne, fin du xvie siècle.

670 — La Conversion de saint Paul. École vénitienne, xvie siècle.

671 — Le Festin d'Hérode. École italienne, xvie siècle.

672 — La Descente de Croix. École italienne, xvie siècle.

673 — La Résurrection. École italienne, xvie siècle.

COFFRETS

674 — Coffret. Bois. Travail italien, xve siècle.

675 — Coffret. Os. Travail italien, xve siècle.

676 — Coffret. Bois. Travail français, xvie siècle.

677 — Coffret. Fer. Travail français, fin du xve siècle.

678 — Coffret. Cuir. Travail français, commencement du xviie siècle.

679 — Coffret. Fer. Travail allemand, xvie siècle.

680 — Coffret. Os. Travail italien. Venise, fin du xive ou commencement du xve siècle.

681 — Coffret. Bois. Travail allemand, xve siècle.

682 — Coffret. Ivoire. Travail italien, xviie siècle.

683 — Coffret. Fer. Travail italien ou allemand, fin du xve siècle.

684 — Coffret. Pâte. Travail italien, première moitié du xve siècle.

685 — Coffret. Cristal de roche. Travail italien, xvie siècle.

686 — Coffret. Bois. Travail allemand, fin du xve siècle.

687 — Coffret. Cuir. Travail français, xve siècle.

688 — Coffret. Bois. Travail allemand, xve siècle.

689 — Coffret. Pâte. Travail italien, xve siècle.

690 — Coffret de mariage. Bois et stuc peint et doré. Travail italien, xive siècle.

CUIRS

691 — Coffret. Travail français, xve siècle.

692 — Trousse. Travail italien, xvie siècle.

693 — Coffret. Travail français, xve siècle.

694 — Trousse. Travail italien, xvie siècle.

695 — Boîte aux Saintes Huiles. Travail italien, commencement du xvie siècle.

696 — Boîte de livre. Travail français ou allemand, xve siècle.

697 — Coffret. Travail italien, xve siècle.

698 — Boîte circulaire. Travail italien, xvie siècle.

699 — Étui. Travail italien, commencement du xvie siècle.

700 — Étui. Travail italien, xve siècle.

701 — Trousse. Travail italien, xve siècle.

702 — Coffret. Travail français, xve siècle.

703 — Étui. Travail italien, xvie siècle.

704 — Boîte aux Saintes Huiles. Travail français ou italien, fin du xve siècle.

705 — Petite trousse. Travail italien, xvie siècle.

ÉMAUX

706 — Hercule posant des colonnes aux limites du monde. Couly Nouailher. École française. Limoges, xvie siècle.

707 — L'Annonciation. Nardon Pénicaud. Limoges, fin du xve siècle ou commencement du xvie siècle.

708 — Jésus cloué sur la croix. Atelier de Jean II Pénicaud. Limoges, xvie siècle.

709 — Saint Jérôme. Pierre Reymond. École française. Limoges, xvie siècle.

710 — Le Couronnement de la Vierge. Nardon Pénicaud. École française. Limoges, fin du xve siècle.

711 — L'Adoration des rois. Nardon Pénicaud. École française. Limoges, fin du xve siècle.

712 — Nessus enlevant Déjanire. Couly Nouailher. École française. Limoges, xvie siècle.

713 — La Pietà. Nardon Pénicaud. Limoges, commencement du xvie siècle.

714 — Samson déchirant un lion. Jean II Pénicaud. Limoges, première moitié du xvie siècle.

715 — Chasse au lion. Atelier de Jean III Pénicaud. Limoges, xvie siècle.

716 — La Nature. Léonard Limosin. Limoges, première moitié du xvie siècle.

717 — Chasse au cerf. Léonard Limosin. Limoges, première moitié du xvie siècle.

718 — Narcisse. Léonard Limosin. Limoges, première moitié du xvie siècle.

719 — Grande coupe. École italienne. Venise, fin du xvie siècle.

MINIATURES

720 — Le Christ dans sa gloire. École italienne. Florence, fin du xive siècle.

1650.— 721 — Dieu apparaissant à David. École italienne. Sienne, fin du xve siècle.

550.— 722 — Notre-Dame de Miséricorde. École du Nord de l'Italie, xve siècle.

550.— 723 — Lettre majuscule. École flamande, fin du xve siècle.

130.— 724 — Un Roi en prière. Ecole italienne. Florence, xve siècle.

125.— 725 — Le Christ glorieux. École italienne. Florence, vers 1460.

250.— 726 — La Résurrection. École italienne. Florence, xve siècle.

780.— 727 — Le Martyre de saint Pierre et de saint Paul. École flamande, xve siècle.

TABLEAUX

25000. 728 — Le Jugement dernier. Fra Beato Angelico de Fiesole. École florentine, xve siècle.

6.100.— 729 — La Vierge, l'Enfant Jésus et saint Jean. Filippo Lippi. École florentine, xve siècle.

730 — La Vierge et l'Enfant Jésus adorés par plusieurs saints. Neri di Bicci. École italienne. Florence, xvᵉ siècle.

731 — Attaque d'une ville fortifiée. Benozzo Gozzoli. École italienne. Florence, xvᵉ siècle.

732 — Légende de la Vierge. Atelier de Pinturichio. École italienne, fin du xvᵉ siècle.

733 — Armoiries. École italienne. Florence, xvᵉ siècle.

734 — La Sainte Famille. École italienne. Sienne, xvᵉ siècle.

735 — La Mort de Lucrèce. École florentine, milieu du xvᵉ siècle.

736 — Histoire de Lucrèce. École siennoise, xvᵉ siècle.

737 — La Vierge et l'Enfant Jésus. Bartolommeo Vivarini. École vénitienne, xvᵉ siècle.

738 — La Nativité. Taddeo Gaddi. École florentine, xivᵉ siècle.

739 — Portrait d'homme. École milanaise, fin du xvᵉ siècle.

740 — Portrait de femme. École milanaise, fin du xvᵉ siècle.

741 — Le Retour du maître. École florentine, fin du xvᵉ siècle.

742 — L'Adoration des mages. École italienne, xvᵉ siècle.

743 — La Nativité. Taddeo Gaddi. École florentine, xivᵉ siècle.

744 — Sainte Anne et saint Zacharie. Taddeo Gaddi. École florentine, xivᵉ siècle.

745 — Scène tirée d'une légende de saint. École florentine, xvᵉ siècle.

746 — La Vierge et l'Enfant Jésus. École florentine, fin du xivᵉ siècle.

747 — Scène romaine. École italienne. Nord de l'Italie, xvᵉ siècle.

748 — Les Israélites s'enfuyant à la vue de Goliath. École italienne. Florence, xvᵉ siècle.

749 — Le Jugement de Pâris. École italienne. Florence, xvᵉ siècle.

8,100

750 — Le Cheval de Troie. Peinture sur bois. Paolo Uccello. École florentine, xve siècle.

6800

751 — La Sainte Famille. École flamande, seconde moitié du xve siècle.

3,00

752 — Le Portement de croix. École florentine, commencement du xve siècle.

753 — Vue de ville. École italienne, xve siècle.

220

754 — Pénitence de saint Jérôme. École italienne. Florence, xve siècle.

980

755 — La Vierge de l'Annonciation. Taddeo Gaddi. École italienne. Florence, xive siècle.

600

756 — Portrait d'homme. École Ombrienne, fin du xve siècle.

1500

757 — Retable. École du nord de l'Italie, xve siècle.

1350

758 — La Vierge et l'Enfant Jésus. École Lombarde, fin du xve siècle.

1220

759 — Triptyque. École du midi de l'Allemagne, xive siècle.

2000

760 — Triptyque. École italienne. Sienne, commencement du xve siècle.

160

1200 — 761 — Triptyque. École italienne. Florence, xve siècle.

762 — Portrait d'un jeune prince. École flamande, fin du xve siècle.

763 — Portrait du roi François Ier. École italienne, xvie siècle.

764 — Portrait de la femme de l'Empereur Charles-Quint. École flamande, xvie siècle.

765 — La Mort de Lucrèce. Lucas Cranach. École allemande, xvie siècle.

766 — Ève tentée par le serpent. École allemande, commencement du xvie siècle.

767 — La Sainte Famille. École flamande, commencement du xvie siècle.

768 — Portrait de Henri IV, roi de France. F. Porbus. École française, xviie siècle.

769 — Portrait de Guillaume de Clèves. École flamande, xvie siècle.

770 — Portrait d'un jeune prince. École française, xvie siècle.

771 — Vénus. École française, xvie siècle.

DESSINS ANCIENS

772 — Histoire de David et de Bethsabée. École flamande, commencement du xvie siècle.

773 — Portrait de jeune homme. Lagneau. École française, fin du xvie siècle.

774 — Portrait de Mme Éléonore de Clèves. François Clouet. École française, xvie siècle.

775 — Portrait de Gabriel d'Estrées. Daniel Dumonstiers. École française, fin du xvie siècle.

776 — La Reine Élisabeth. François Clouet. École française, xvie siècle.

777 — Diane entourée de ses nymphes. Francesco Primaticcio. École italienne, xvie siècle.

778 — Bataille de César contre les Gaulois. Giulio Pippi, dit Giulio Romano. École italienne, commencement du xvie siècle.

779 — Bataille de Zama. Giulio Pippi, dit Giulio Romano. École italienne, commencement du xvie siècle.

780 — Arabesques. Giovanni da Udine. École italienne, commencement du XVIe siècle.

781 — Garde d'épée. École italienne, XVIe siècle.

TAPISSERIES

782 — École flamande. Atelier de Bruxelles, milieu du XVIe siècle.

783 — École flamande. Atelier de Bruxelles, milieu du XVIe siècle.

784 — École flamande. Atelier de Bruxelles, milieu du XVIe siècle.

785 — La Fontaine d'Amour. École française, commencement du XVIe siècle.

DIVERS

786 — Lutrin. École française, fin du XVIe siècle.

787 — Triptyque peint. École flamande, XVe siècle.

788 — Grand cadre. École française, XVIe siècle.

789 — Miroir. École italienne. Sienne, xvie siècle.

790 — Bassin. François Briot. École française, xvie siècle.

791 — Miroir. École italienne, xviie siècle.

792 — Une Sultane. École italienne. Naples, xviiie siècle.

793 — Un Nègre. École italienne. Naples, xviiie siècle.

794 — Marotte. École française, xviie siècle.

795 — Miroir. École française, fin du xvie siècle.

796 — Jupiter et la nymphe Io. École française, xviiie siècle.

797 — Léda et Jupiter. École française, xviiie siècle.

798 — Hermaphrodite. École française, xviiie siècle.

799 — Boîte de livre. Travail italien. Venise, xvie siècle.

800 — Coffret. Travail italien. Venise, xvie siècle.

801 — Coffret. Travail italien. Venise, xviᵉ siècle.

802 — Lutrin. École espagnole, xvᵉ siècle.

803 — Trépied. Travail italien, xvᵉ siècle.

804 — Coupe. Art allemand. Augsbourg, fin du
xviᵉ siècle.

805 — Veilleuse. Travail italien. Venise, xviᵉ
siècle.

806 — Baiser de paix. École italienne, xviᵉ siècle.

807 — Baiser de paix. École italienne. Florence,
xvᵉ siècle.

808 — Baiser de paix. École italienne, xviᵉ siècle.

809 — Baiser de paix. Bronze doré. Travail vénitien, fin du xvᵉ siècle.

810 — Baiser de paix. Bronze doré. Travail vénitien, fin du xvᵉ siècle.

811 — Triptyque. Travail flamand, xvᵉ siècle.

812 — La Vierge et l'Enfant Jésus. Travail italien, xviᵉ siècle.

813 — Collet de chape. Travail italien, fin du
xvᵉ siècle.

814 — Tapis de table. Travail italien, xvie siècle.

815 — La Nativité et l'Adoration des bergers. École italienne. Florence, fin du xive siècle.

816 — L'Entrée du Christ à Jérusalem. École italienne. Florence, fin du xive siècle.

817 à 828 — Vitrines diverses.

www.ingramcontent.com/pod-product-compliance
Ingram Content Group UK Ltd.
Pitfield, Milton Keynes, MK11 3LW, UK
UKHW031824170726
13836UKWH00003B/1498

9 782329 541617